BEI GRIN MACHT SICH IHR WISSEN BEZAHLT

AF141583

- Wir veröffentlichen Ihre Hausarbeit,
  Bachelor- und Masterarbeit

- Ihr eigenes eBook und Buch -
  weltweit in allen wichtigen Shops

- Verdienen Sie an jedem Verkauf

Jetzt bei www.GRIN.com hochladen und kostenlos publizieren

Alexander Kauther, Paul Wirtz

Der Manoli-Turm und das Blinkfeuer auf dem Flugplatz Johannisthal

Heft 16 aus der Dokumentenreihe über den Flugplatz Berlin-Johannisthal 1909-1914

GRIN Verlag

Bibliografische Information der Deutschen Nationalbibliothek:

Die Deutsche Bibliothek verzeichnet diese Publikation in der Deutschen National-bibliografie; detaillierte bibliografische Daten sind im Internet über http://dnb.d-nb.de/ abrufbar.

Dieses Werk sowie alle darin enthaltenen einzelnen Beiträge und Abbildungen sind urheberrechtlich geschützt. Jede Verwertung, die nicht ausdrücklich vom Urheberrechtsschutz zugelassen ist, bedarf der vorherigen Zustimmung des Verla-ges. Das gilt insbesondere für Vervielfältigungen, Bearbeitungen, Übersetzungen, Mikroverfilmungen, Auswertungen durch Datenbanken und für die Einspeicherung und Verarbeitung in elektronische Systeme. Alle Rechte, auch die des auszugsweisen Nachdrucks, der fotomechanischen Wiedergabe (einschließlich Mikrokopie) sowie der Auswertung durch Datenbanken oder ähnliche Einrichtungen, vorbehalten.

Impressum:

Copyright © 2011 GRIN Verlag GmbH
Druck und Bindung: Books on Demand GmbH, Norderstedt Germany
ISBN: 978-3-656-02519-1

Dieses Buch bei GRIN:

http://www.grin.com/de/e-book/179870/der-manoli-turm-und-das-blinkfeuer-auf-dem-flugplatz-johannisthal

GRIN - Your knowledge has value

Der GRIN Verlag publiziert seit 1998 wissenschaftliche Arbeiten von Studenten, Hochschullehrern und anderen Akademikern als eBook und gedrucktes Buch. Die Verlagswebsite www.grin.com ist die ideale Plattform zur Veröffentlichung von Hausarbeiten, Abschlussarbeiten, wissenschaftlichen Aufsätzen, Dissertationen und Fachbüchern.

Besuchen Sie uns im Internet:

http://www.grin.com/

http://www.facebook.com/grincom

http://www.twitter.com/grin_com

Dokumentenreihe zum Flugplatz Berlin-Johannisthal
1909-1914 – Heft 16

Alexander Kauther - Paul Wirtz

„Der Manoli-Turm und das Blinkfeuer auf dem Flugplatz-Johannisthal"

„Der „Manoli-Leuchtturm und das Blinkfeuer auf dem Flugplatz Berlin-Johannisthal"

Herausgeber und Autoren: Alexander Kauther, Berlin und Paul Wirtz, Jülich
Heft 16 aus der Dokumentenreihe über den Flugplatz Berlin-Johannisthal 1909-1914.
© Oktober 2011

Deckblatt- und Homepagegestaltung: D&M agentur, www.dundm-agentur.de
12487 Berlin-Johannisthal, Winckelmannstraße 70.

Inhalt

Anmerkungen

Der Johannisthaler Flugplatz - der erste zivile Motorflugplatz Deutschlands - existiert nicht mehr. Er hatte 1945 mit der letzten Landung des Flugzeugs Lissunow Li-2 aus Moskau und mit einer historischen Flugschau 1995 endgültig ausgedient. Am 26. September 2009 wurde der 100. Jahrestag des ehemaligen Flugplatzes Adlershof-Johannisthal begangen.

Heute stehen viele neue Häuser auf dem Flugfeld und fast nichts erinnert mehr an diesen historischen Ort. Kennen die jetzt dort angesiedelten Haus- und Grundstückbesitzer die Geschichten, die mit den Straßen - benannt nach Luftfahrtpionieren - verbunden sind?

Es interessierte uns, ob noch unbekannte zeitgeschichtliche Bilder und Dokumente aufzufinden wären, die über den Flugplatz Auskunft geben. Wir begannen zu recherchieren, nachzulesen und zusammenzutragen. So ist unsere Dokumentenreihe über den Flugplatz Johannisthal von 1909-1914 entstanden.

In vielen Büchern wird oft vom „Manoli-Turm" auf dem Flugfeld berichtet. Das vorliegende Heft über den „Manoli-Leuchtturm ist" keine wissenschaftliche Arbeit und kann auch nicht als vollständig betrachtet werden. Sie soll aber dem interessierten Leser zum Zurückschauen und Erinnern dienen.

Zur Vervollständigung und Ergänzung sind wir weiterhin an Dokumenten und Fotos interessiert.

Berlin-Johannisthal, Oktober 2011

www.johflug.de
info@johflug.de

5

Veränderungen auf dem Flugplatz Johannisthal

Am 1. Januar 1910 übernahm offiziell *Major a. D. Georg von Tschudi* (1862-1928) auf Bitten des früheren Luftschifferkommandeurs, *Exzellenz Stephan von Nieber* (1855-1920) die Direktion des Flugplatzes.[1]
Viel wurde durch ihn und dem Gründer und Besitzer des Flugplatzes, *Arthur Müller (1871-1935)*, nach der Eröffnung am 26. September 1909 in den folgenden Jahren auf dem Flugfeld verändert und modernisiert. Nicht nur die Tribünen wurden teilweise verlegt und befanden sich nun an geeignetster Stelle mit mehr Blick und gegen das blendende Sonnenlicht für die Zuschauer geschützt, sondern das gesamte Flugfeld wurde von allen natürlichen Unebenheiten befreit und geglättet. Der Boden war vorher zu sandig, die schmalen Flugzeugräder sind oft steckengeblieben und kamen schwer vom Boden los.

Der neue Startplatz entstand im Jahre 1910 links vom Haupteingang im nördlichen Teil des Flugfelds.

Hier siedelten sich die zahlungskräftigen Flugzeugwerke und Fliegerschulen an, denn in- und ausländische Besucher und Interessenten kamen durch den Haupteingang! Bedeutende bekannte Fabriken, wie die *„Albatros-Flugzeugwerke GmbH"*, *„Luft-Verkehrs-Gesellschaft AG (LVG)"*, *„Rumpler-Werke GmbH"*, *„Flugmaschine-Wright-Gesellschaft mbH"* (auf dem östlichen Flugfeld, Adlershof) siedelten sich an und wurden weltbekannt.

Bis Ende 1912 wurden auch bessere technische Voraussetzungen wie z. B. eine Windmessanlage in der Nähe des Haupteinganges am neuen Startplatz geschaffen.

Windmesseranzeige

Zur Herbstflugwoche vom 28. September bis 5. Oktober 1913 ließ die Flugplatzverwaltung mit drei Firmen zusammen Nachtsicht-Vorrichtungen aufbauen, um Erfahrungen zu sammeln für die späteren Markierungen von Luftstraßen.
Zu diesem Zweck waren von der *"Allgemeinen Elektrizitäts-Gesellschaft"*, von der *„Gesellschaft der Berlin-Anhaltischen Maschinenbau AG (Bamag)"* und von der *„Julius Pintsch-AG"* verschiedene Leuchtfeuersysteme zu einem Vergleichsversuch aufgebaut worden.

---

[1] Heft 1 der Dokumentenreihe zum Flugplatz Johannisthal 1909-1914, „Wie der Flugplatz in Johannistahl entstand", Kauther-Wirtz im Eigenverlag 2009.

Aufbau eines Leuchtfeuers auf dem Flugfeld

Für das *A.E.G-Licht* war an der Seite des alten Startplatzes ein besonderer Gerüstturm erbaut, das *Pintsch-Licht* war auf dem Dach der *Deutschen Versuchsanstalt für Luftfahrt Adlershof* eingerichtet, und die hatte sich auf einem recht geschmackvollen Leuchtturm, zu dessen Herstellung die Firma „**Manoli-Cigarettenfabrik J. Mandelbaum G.m.b.H.**" finanziell beigetragen hatte, niedergelassen. Der Reklameturm der Firma „Manoli" mit dem Blinkfeuer für das nächtliche Erkennen des Flugfeldes war am neuen Startplatz, neben den ersten Schuppen der Rumpler-Flugzeugwerke, aufgestellt worden. Die zwei weiteren gebauten Leuchtfeuertürme auf dem Platz hatten keine „Manoli-Werbung".

„Die Grundidee dieser durch drei Feuer bewirkten Markierung des Johannisthaler Flugplatzes ist folgende:

Das *Oelgas-Bamag-Feuer* auf dem Manoli-Leuchtturm gibt das Zeichen 1-2-3, das der Kartennummer des Flugplatzes Johannisthal entspricht, und zwar folgen einem längeren Achtungszeichen die Blitze 1-2-3. Das auf dem Adlershofer Turm errichtete *Oelgas-Pintsch-Feuer* rotiert, wie bei Leuchttürmen für die Seeschiffahrt üblich, d.h. mittels einer rotierenden Blende läuft ein Lichtblitz kontinuierlich im Kreise.

Das durch elektrischen Scheinwerfer hergestellte *A.E.G.-Feuer* soll einen nicht verlöschenden Lichtkegel senkrecht in die Luft werfen. Eine Landung bei Nacht müßte demnach folgendermaßen vor sich gehen:
Das Luftfahrzeug steuert den Vertikalkegel des A.E.G.-Lichtes an und umrundet diesen, bis es in einer Richtung mit der Linie Pintsch-Licht – Bamag –Feuer liegt; durch diese Linie wird die durch Wald gegebene Begrenzung des Flugplatzes angezeigt. Das Flugzeug fährt nun, indem es die eben genannte Linie zur Rechten behält, auf das Manoli-Feuer zu, vor dem es ungehindert landen kann."[2]

Zur weiteren Erleichterung bei Landungen in dunkler Nacht wurden auf Veranlassung vom Flugplatzdirektor, *Major Georg von Tschudi*, weitere Einrichtung getroffen, auf die hier nicht näher eingegangen werden soll.

---

[2] Deutsche Luftfahrer-Zeitschrift, Nr. 21 vom 15. Oktober 1913.

Wie bereits beschrieben, war auf dem Manoli-Leuchtturm der Blinkfeuertyp der *Bamag* angebracht, der durch elektrischen Strom gespeist wurde. Als Lichtquelle dienten hier zwei Spezialglühlampen, die bei je 3.000 HK[3] eine Lichtstärke von etwa 30 Tausend Kerzen ergaben (bei je 5.000 HK bis 50.000 HK). Es entsprach jeder Lampe, die in je einer besonderen Fassung lagerte, ein Lichtsystem. Zur Abdeckung dieser Systeme nach oben hin diente eine Glasglocke nebst Abzugshaube; letztere dazu bestimmt, einer zu hohen Erwärmung im Innern des Linsensystems vorzubeugen. Das Linsensystem ruhte auf einem eisernen Gehäuse, durch welches die elektrischen Leitungen geführt waren.

Elektrisches Blinkfeuer der Bamag auf dem Manoli-Leuchtturm.[4]

Später beschäftigte sich die *Pintsch-AG* mit der Einrichtung unterirdischer Flugplatzbeleuchtungen für den Flugplatz Johannisthal. Es sollten Lichtquellen in den Erdboden versenkt und derart eingerichtet werden, dass Flugzeuge ohne Gefahr auf ihnen landen oder über sie hinweg rollen können. Die geplante Versuchsanlage auf dem Johannisthaler Flugplatz wurde dann aber nicht ausgeführt.

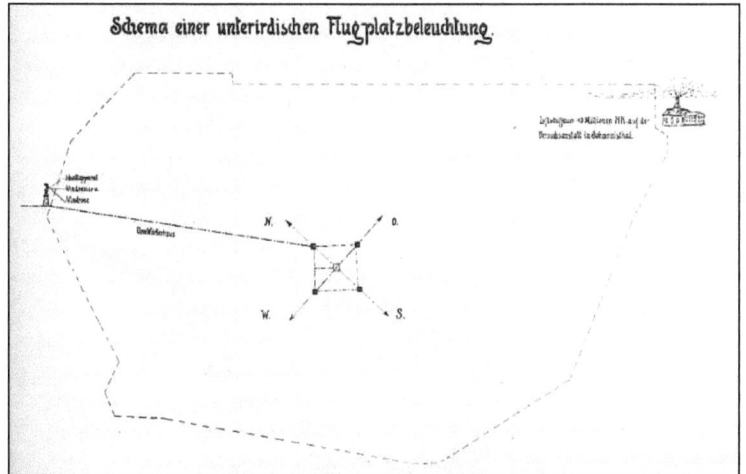

Planung der Firma Julius Pintsch AG für eine unterirdische Flugplatzbeleuchtung auf dem Flugfeld.[5]

---

[3] veraltete Maßeinheit der Lichtstärke; bis 1942 in Deutschland gesetzlich eingeführt, jetzt durch die Candela (Abkürzung *cd*) ersetzt; 1 HK = 0,903 cd.
[4] Deutsche Luftfahrer-Zeitschrift, Ausgabe XVII, Nr. 25 vom 10.12.1913.
[5] Ebenda.

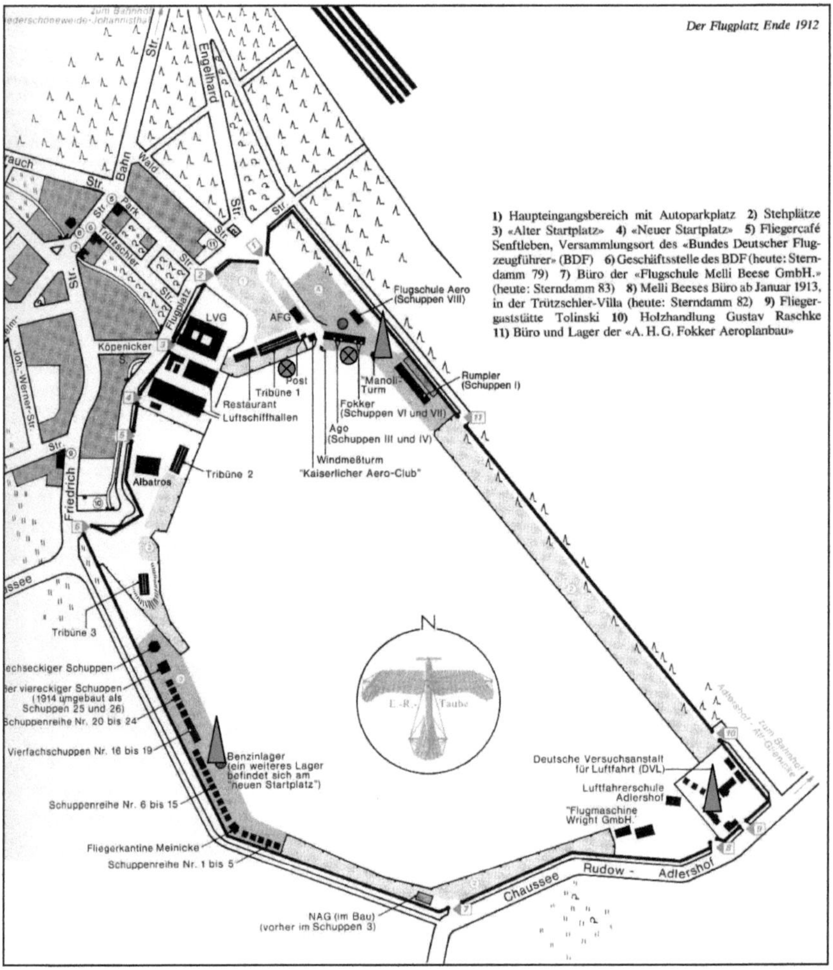

Skizze des Flugplatzes Berlin-Johannisthal 1912/1913 mit den eingezeichneten Leuchtfeuertürmen seit Oktober 1913 (Skizze aus dem Buch von Günter Schmitt, "Als die Oldtimer flogen. Die Geschichte des Flugplatzes Johannisthal").

Standort des Leuchtturms mit Manoli-Werbung neben dem Fokker-Schuppen und zwei weitere Blinkfeuer.

Standort der beiden Manoli-Kioske.

Der erste Leuchtturm für Flieger in Johannisthal.

Die Direktion des Flugplatzes in Johannisthal hat auf dem Flugplatz einige Leuchttürme errichten lassen, damit dieselben abends und nachts den Fliegern als Leuchtsignale dienen können.

Der Leuchtturm, eingeweiht Anfang Oktober 1913, wurde aufgrund der Werbung zum „Manoli-Leuchtturm". Der Turm hatte eine Höhe von 25 Meter. [6] Die Aufnahme stammt vom Illustrations-Verlag A. Grohe Berlin, veröffentlicht in „Die Wochenschau" Nr. 40, 1913, Druck und Verlag W. Girardet.

---

[6] Teltower Kreisblatt, Ausgabe 238 vom 10. Oktober 1913.

Die Zigarettenfirma „Manoli" – Werbeträger des Leuchtturms

„Manoli" ist der Name einer deutschen Zigarettenfabrik, gegründet 1894 von *Jakob Mandelbaum* in Berlin zunächst unter dem Namen „Zigaretten-Fabrik Argos". Es wird vermutet, dass im Jahre 1897 die Firma nach der Ehefrau, *Ilona Mandelbaum* (**umgekehrt gelesen**), benannt worden sei. Diese Namensentstehung ist bis heute nicht sicher nachzuweisen, denn die Ehefrau von Jacob Mandelbaum hieß Rosa Cohn und wurde 1857 in Jotzen geboren. Es gibt Vermutungen, dass "Manoli" ein Spitzname von Jacob Mandelbaum gewesen sein könnte. Eine weitere Variante zur Namensgebung nennt als Ursprung eine Fremdsprache, in der "Mandelbaum" mit "Manoli" übersetzt wird."[7]

„Manoli" wurde durch das herausragende Verpackungsdesign bekannt. Das Unternehmen hatte 1904 200 Angestellte. 1911 wurde das Manoli-Unternehmenslogo von *Lucian Bernhard* (1883-1972) neu entworfen. Auch andere bedeutende Grafiker und Maler arbeiteten an der Gestaltung von Verpackungen, Plakaten und Inseraten, wie zum Beispiel der österreichische Künstler *Julius Klinger* (1876-1942), der auch als erster künstlerische Arbeiten ab 1911 für „Manoli" gestaltete.

Interessant ist, dass *Julius Klinger* viele sehr bekannte Plakate für Veranstaltungen auf dem Flugplatz Johannisthal anfertigte und über die Kunstanstalt und Druckerei *Hollerbaum & Schmidt*, Berlin vertrieb.

Klinger-Plakat 1912.

Klinger-Plakat für die Johannisthaler Flugwoche 1910.

---

[7] wikipedia

1919 erschien anlässlich zum 25-jährigen Bestehens der Firma „Manoli" eine Festschrift.
1924 wurde „Manoli" von „*Reemtsma-Cigarettenfabriken GmbH*" übernommen, ohne jedoch die bisherigen Zigarettensorten, wie zum Beispiel „Dandy" oder „Dalli", weiter zu produzieren.

Ansichtskarte anlässlich des Wettflugs „Rund um Berlin vom 31.08.- 01.09.1912.

Der Manoli-Leuchtturm stand noch nicht, auch noch keine Bandenwerbung für Manoli-Zigaretten. Erst mit den weiteren Flugveranstaltungen sind Firmen-Werbungen als notwendige Geldquelle durch den Direktor des Flugplatzes forciert worden.

Ansichtskarte 1913 mit gebautem Manoli-Leuchtturm und angebrachter Banden-werbung.

Für die Mai-Flugwoche im Jahre 1913 stellte die Zigarettenfirma „Manoli" dem Flugplatz einen Flugpreis von 5.000 Mark zur Verfügung und hat die Festsetzung der Bedingungen dem Organisations-Ausschuss überlassen.[8]

Ansichtskarte Ende 1913, links der Manoli-Leuchtturm mit verändertem Farbanstrich. Rechts die Bande mit der Manoli-Zigarettenwerbung.

---

[8] „Flugsport" Nr. 6, Seite 226 vom 19. März 1913.

Das Bleriot-Flugzeug überfliegt den Flugplatz um 1913. Im Hintergrund der Manoli-Leuchtturm.

Von nach rechts: Windmessanlage, daneben der Manoli-Kiosk und rechts der Manoli-Leuchtturm. Aufnahme um 1913.

Fokker über dem Flugfeld Johannisthal. Rechts der neugestaltete Manoli-Leuchtturm.[9]

Ansichtskarte 1913, links der Manoli-Kiosk.

---

[9] Bildarchiv „Fliegerrevue".

Der Manoli-Leuchtturm für das Bamag-
Blinkfeuer 1913.[10] Links ein Restaurant.

Die Zuschauertribüne. Pegoud beim Schleifenfluge 1914 in Johannisthal.
Der Manoli-Leuchtturm am Bildrand.[11]

[10] Deutsche Luftfahrer-Zeitschrift, Ausgabe XVII, Nr. 25 vom 10.12.1913.
[11] R. Sennecke, Internationaler Illustrationsverlag.

Manoli-Leuchtturm   *Manoli-Leuchtturm*

Im Manoli-Leuchtturm gab es einen Besprechungsraum.[12]

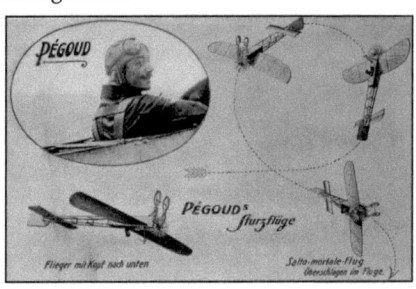

Kunstflug des französischen Fliegers Adolphe Pegoud (1889-1915) über das Flugfeld in Johannisthal am 31. März 1914. Unten in der Mitte der Manoli-Leuchtturm.

---

[12] „Aus 34 Jahren Luftfahrt", Georg v. Tschudi, Verlag von Reimar Hobbing Berlin, 1928, Seite 161.

Der Manoli-Kiosk an der Haupttribüne, dem Aero-Club und dem Postgebäude. Oben links auf dem Tribünendach befand sich eine Bosch-Werbung in roter Farbe.[13] Rechts im Bild die Rumpler-Flugzeugbau GmbH.

---

[13] Rainer Immensack, Manoli-Sammlung.

Ein Bleriot-Flugzeug wird startklar gemacht. Links der zweite Manoli-Kiosk, neben dem Haupteingang zum Flugplatz.[14]

Aus verschiedenen Fotoaufnahmen ist ersichtlich, dass auf dem Flugplatz, links und rechts vom Haupteingang, je ein Kiosk mit Manoli-Werbungen stand.

Rechts der Manoli-Kiosk. Im Vordergrund der Windmesser am Zuschauerstandplatz.

---

[14] Deutsche Luftfahrer-Zeitschrift, Ausgabe XVII, Nr. 25 vom 10.12.1913.

Links LVG-Eindecker, rechts Harlan-Taube beim Montage-Wettbewerb 1913.[15]

Bei der Herbstflugwoche Oktober 1913 gab es neben den Flugrennen auch Montage-Wettbewerbe. Die Bedingung war, dass das demontierte, mit einem Kraftwagen zu verfahrende Flugzeug durch ein Holzprofil von 3 m Breite und 3,75 m Höhe hindurch gefahren werden musste, wobei das Auto mit zur Unterbringung der Flugzeugteile herangezogen werden konnte. Nach der Aufstellung an einem bestimmten Platz musste auf ein Zeichen mit dem Aufbau des Flugzeuges begonnen werden, jedoch durften außer dem Führer nur drei Monteure an der Montage beteiligt sein. Dann musste mit dem Apparat ein Flug von mindestens 10 Minuten Dauer unternommen werden und hierauf nach der Landung sofort die Demontage des Apparats erfolgen, worauf der Apparat wieder unter dem vorerwähnten Profil hindurchgeführt wurde. Für die Bewertung kam jedoch nur die reine Auf-bzw. Abbauzeit in Frage.

An diesem Wettbewerb hatten sich nur drei Flieger gemeldet:

Karl Krieger (1885-1918)   *Felix Laitsch (1882-1972)*   *Hans Röver (1890-1917)*

---

[15] Deutsche Luftfahrer-Zeitschrift, Ausgabe XVII, Nr. 25 vom 10.12.1913.

Leuchtturm auf dem Flugplatz Johannisthal

Thiedes Flugzeugfabriken- und Hallenbau

sowie Ausführungen von Leuchttürmen in Holz und massiv, schnell und preiswert

Halensee-Berlin, Kurfürstendamm 112 ■ Fernsprecher Amt Uhland 5061

Der Leuchtturm wurde gebaut von „Thiedes Flugzeugfabriken- und Hallenbau". Auch über den Leuchtturmeingang ist die Firmenbezeichnung als Werbung angebracht.[16]
Es handelt sich um Richard Thiede, der um 1913 in Berlin-Wilmersdorf, Kurfürstendamm 112 wohnte.[17]

---

[16] Foto aus dem Flugplatzheft Nr. 9, Ausgabe April-Juni 1914.
[17] Berliner Adressbuch 1913.

Die alten Rumpler-Schuppen (im Vordergrund) und die 1913 und 1914 fertiggestellten neuen Montagehallen auf dem Flugplatz, aufgenommen vom Manoli-Leuchtturm.

Ein Rumpler-Doppeldecker (Aufklärer Ru 6 A 5 (CIII), 260 PS-Daimler DIVa). Zu sehen der Manoli-Leuchtturm in der Mitte.[18]

---

[18] „Die Deutsche Luftfahrt. Edmund Rumpler", Bernhard & Graefe Verlag, Bonn 2004, Seite 269.

Vier Glasfotos von der Johannisthaler Flugwoche 1913 mit Abbildungen des Manoli-Leuchtturms und des südlichen Leuchtturms im Adlershofer Teil des Flugfelds.

Weitere Manoli-Werbungen

Werbeplakat um 1912.[19]

Schon in der Frühzeit bemächtigte sich die Werbung der Flugmaschine als Symbol für Modernität und Internationales Flair. Die Rumpler-Taube war für viele Menschen zum Inbegriff des Flugzeuges überhaupt geworden, was die Manoli-Zigarettenwerbung geschickt auszunutzen wusste.

---

[19] Rainer Immensack, Manoli-Sammlung

Zigarettenschachtel (Pappe).[20]

Zigarettendose (Metall) um 1912-
1913.[21]
25 Zigarettenpackungen, es gab auch
Dosen für 50er und 100er-Packungen).

---

[20] Rainer Immensack, Manoli-Sammlung.
[21] ebenda

Die grafische Gestaltung stammt von Lucian Bernhard. Die Markenbezeichnung „Rumpler-Taube" wurde am 13. September 1912 und am 17.September 1913 als Bildmarke im Kaiserlichen Patentamt für den Bereich 38 Tabakwaren registriert.

Zigarettendose innen (25er Packung).[22]

Werbeanzeige vom 26. August 1915 aus der Illustrierten Zeitung.

---

[22] Rainer Immensack, Manoli-Sammlung.

Werbemarke für Manoli-Zigaretten mit dem Logo vom Grafiker Lucian Bernhard um 1913.

Ansichtskarte 1916, gezeichnet von W. Tews, einem Soldaten von der Front.[23]

Text: „*Liebe Lina! Indem daß gerade eine Rumplertaube über mir kreist, so bitte ich Dich mir solche* Manoli *Zigaretten zu schicken*".

Weitere Abbildungen von Reklamemarken der Zigarettenfirma „Manoli".

---

[23] Rainer Immensack, Manoli-Sammlung.

Notizen

Albert Krowarz, Brieg (Bez. Breslau), feierte am 1. Juli und Heinr. Schnegas, Roftock, am 14. Juli fein 25 jähriges Gefchäftsjubiläum. Jofef Braun, Köln a. Rh., konnte am 1. Juli auf eine erfolgreiche zehnjährige Arbeit als Vertreter der Manoli-Cigarettenfabrik zurückblicken. Am 15. Juli ertrank beim Baden ein 11 jähr. Schüler in der Weichfel. Unfer Vertreter in Graudenz, Herr Swowoda, fprang fofort nach, um den Jungen zu retten. Leider war es Swowoda trotz größter Anftrengung nicht möglich, das Kind zu retten. Wir möchten jedoch nicht unterlaffen, Herrn Swowoda an diefer Stelle unfere Anerkennung auszufprechen.

Jof. Braun, Köln

*

Sport und Reklame.

Der neue Manoli-Leuchtturm auf dem Wafferflugplatz Warnemünde ift am 10. Juli in Gegenwart des Großherzogs von Mecklenburg-Schwerin feiner Beftimmung übergeben worden. Der bei diefer Gelegenheit anwefende Prokurift der Fa. Manoli, Herr Schmidt, unternahm mit dem bekannten Flieger Dahm einen einftündigen Flug über die Oftfee und nach Roftock. Aus der Luft erhielten die Roftocker und Warnemünder Einwohner und Badegäfte die letzte Nummer der „Manoli-Poft" übermittelt. – Am 19. Juli fand ein Oftfeebäder-Weltmarfch um den Manoli-Preis von Swinemünde nach Heringsdorf, zweimal hin und zurück über infgefamt

35 Kilometer, ftatt. Sieger wurde der bekannte Meiftergeher Heiduck, Berlin. Er erhielt einen koftbaren Cigarettenkaften als Preis der Firma Manoli. – Auf dem Flugplatz Johannisthal bei Berlin erhielten für gute Leiftungen den Manolipreis die Flieger Reiterich und Hanufchke.

*

Der Propagandachef der Manoli - Cigarettenfabrik ift mit den Vorarbeiten für ein Buch: „Die Reklame in der Tabakbranche" befchäftigt. Leihweife Ueberlaffung von alten Reklamegegenftänden, Schildern, Druckfachen, Zugabeartikeln ufw. aus der Tabakbranche ift fehr erwünfcht.

*

Unfer langjähriger Kunde Louis Müller in Neuftadt i. Holftein fendet uns folgenden netten Reim:

Wenn mal der Unmut mich erfaßt,
Wenn mir mal dies und das nicht paßt,
Dann fteck ich mir 'ne „Dandy" an,
Beruhigt find die Nerven dann.
Rauch ich nun noch 'ne „Gibfon Girl",
Fühl' ich mich ganz als flotter Kerl,
Vorbei ift die Melancholie
Dank der beliebten „Manoli".

*

Sämtliche Prämien-Cigaretten für richtige Löfungen des Silben-Rätfels find nunmehr verfchickt. Reklamationen können daher jetzt nicht mehr berückfichtigt werden.

„Manoli-Post" vom August 1914. Im Text wird Bruno Hanuschke (1882-1922) genannt.[24]

[24] Heft 5 aus der Dokumentenreihe Flugplatz-Johannisthal 1909-1914: „Das Küken am alten Startplatz- Aus dem Leben des Flugzeugführers, Konstrukteurs und Unternehmers Bruno Hanuschke".

Schlussblatt aus der „Manoli-Post" vom Januar 1915. Das Blatt ist von Lucian Bernhard gestaltet und zeigt im Hintergrund den Manoli-Leuchtturm mit der Rumpler-Taube. [25]

---

[25] Sammlung Rainer Immensack.

In dem vierteljährlich erschienenen Flugplatzheft, 9. Ausgabe vom April-Juni 1914, war folgende Anzeige zu lesen:

„Neue Preisstiftung
  Manoli-Preis

In dankenswerter Weise hat die Cigarettenfabrik J. Mandelbaum G.m.b.H. erneut ihr Interesse für das Flugwesen bekundet. Und den Betrag von M. 5000 für Einzelpreise dem Flugplatz Johannisthal gestiftet.
Der Betrag soll derart verwendet werden, daß, beginnend mit dem Monat April, von den Fliegern, die sich an Sonntagsmittagen um die bisher schon bestehenden und in Geltung bleibenden Sonntagspreise der Flugplatz-Gesellschaft bewerben, derjenige einen Zusatzpreis von M. 200 erhält, welcher an dem betreffenden Sonntag die höchste Leistung in bezug auf Dauer erzielt.
Dieser Zusatzpreis wird so lange gezahlt, bis der Betrag von M. 5000 erschöpft ist."

Reklame Leuchtturm auf dem Flugplatz.[26]

„Der Manoli Leuchtturm in Johannisthal mußte auf Anordnung der Heeresverwaltung im Jahre 1915 niedergelegt werden; er ist also auch ein Opfer des Krieges geworden."[27]

---

[26] Hermann Schmidt, „Von Reklame und anderen Dingen", Kontor Berlin 1918. Schmidt war der Reklameleiter bei der Firma „Manoli".
[27] ebenda

Gestern und heute

Standort des Manoli Leuchtturms. Rechts der Groß-Berliner-Damm zwischen Johannisthal und Adlershof (1912 Straßenbenennung). Blickrichtung links oben zum Bahnhof Schöneweide[28].

Links ehemalige Rumpler Halle (siehe Foto Seite 22).

---

[28] Die nachfolgenden Fotos „heute" sind alle am 15. Juni 2009 aufgenommen worden.

Standort des Windmessers auf dem Flugfeld rechts neben der Mauer (siehe Seite 19).

Standort der Haupttribüne am neuen Startplatz. Dort stand der Manoli-Kiosk.

Der Wachturm des damaligen Wachregiment des MfS[29] auf dem Flugfeld. Der Stab des Wachregiments hatte auf dem Flugplatz seinen Sitz von 1954-1990 In der Nähe des Turms stand ungefähr der Manoli-Kiosk.

---

[29] Ministerium für Staatssicherheit (1954-1990).

Blickrichtung zur damaligen Haupttribüne, zum Postgebäude und Manoli-Kiosk (siehe Seite 18).

Von links: Haupttribüne, Postgebäude, Aero-Club und Rumpler-Halle 1912. Rechts stand das Post- und Fernmeldegebäude.

Personen- und Firmenregister

Quellen

Hubert Riedel, Plakatsammler
Museum für Arbeit, Hamburg, Reemtsma-Archive, Fotografien,
www.museum-fuer-arbeit.de, Stefan Rahner
Rainer Immensack, Hofheim, Tabakhistorische Sammlung, www.tabakbuch.de
Wikipedia.org

Zeitungen und Periodika

„Deutsche Luftfahrer-Zeitschrift" 1913, Nr. 21 und 25
„Die Wochenschau", Nr. 40, 1913, Seite 1255, Druck und Verlag W. Girardet
„Manoli-Post", August 1914, Sammlung Rainer Immensack, Hofheim
Teltower Kreisblatt, Ausgabe 238 vom 10. Oktober 1913

Literatur

E. E. Schmidt, Hermann: *„Von Reklame und anderen Dingen"*, Das Kontor 1918
Kauther/Wirtz: Dokumentenreihe zum Flugplatz Johannisthal 1909-1914, Heft 5
„Das Küken vom alten Startplatz Aus dem Leben von Bruno Hanuschke", 2011.
Kauther/Wirtz: Dokumentenreihe zum Flugplatz Johannisthal 1909-1914, Heft 1
„Wie der Flugplatz zwischen Adlershof und Johannisthal entstand", 2011.
Kranzhoff, Jörg Armin: *„Die Deutsche Luftfahrt. Edmund Rumpler-Wegbereiter der
industriellen Flugzeugfertigung"*, Bernhard & Graefe Verlag, Bonn 2004.
Schmitt, Günter: *„Als die Oldtimer flogen. Die Geschichte des Flugplatzes Johannisthal"*
Supf, Peter: *„Das Buch der deutschen Fluggeschichte"*, Verlagsanstalt Hermann Klemm
AG Berlin 1935, Band I, II
Tschudi v., Georg: *Aus 34 Jahren Luftfahrt"*, Verlag von Reimar Hobbing Berlin,
1928, Seite 161

Bildnachweis

Die Fotoquellen sind in den Fußnoten vermerkt. Ist das nicht der Fall, so befinden
sich die Fotos in der Sammlung der Autoren.